UNE SŒUR DE CHARITÉ

DANS LE MONDE

MADAME BARRIÈRE

PAR

Mlle Clarisse BADER

PARIS-AUTEUIL
ROUSSEL. — IMPRIMERIE DES APPRENTIS-ORPHELINS
40, rue La Fontaine, 40

1892

UNE SŒUR DE CHARITÉ

DANS LE MONDE

MADAME BARRIÈRE

PAR

Mlle Clarisse **BADER**

PARIS-AUTEUIL

ROUSSEL. — IMPRIMERIE DES APPRENTIS-ORPHELINS
40, rue La Fontaine, 40

1892

UNE SŒUR DE CHARITÉ
DANS LE MONDE

MADAME BARRIÈRE

Vers 1830, une jeune fille s'arrêtait devant cette ancienne demeure de la rue du Bac où, depuis une quinzaine d'années, les Filles de la Charité avaient établi leur maison-mère. Elle sonnait à cette porte, franchissait ce seuil béni d'où la miséricorde ne cesse d'aller à toutes les douleurs humaines.

Cette jeune fille était belle. « Elle était grande, avait la démarche noble et posée, nous écrit l'une de ses amies, ses traits avaient l'exquise finesse d'un camée, ses dents étaient des perles ; ses cheveux, d'un noir brillant, faisaient ressortir son teint mat ; partagés en simples bandeaux, ils étaient noués négligemment un peu bas, derrière la tête fine et gracieuse. » Le caractère de cette physionomie était la distinction, la sévérité même ; « mais la douce caresse d'un délicieux son de voix en tempérait la gravité. » (1)

— « C'est une duchesse espagnole, » devaient dire d'elle, un jour, ceux qui la rencontrèrent dans l'éclat d'une fête. — Non, ce n'était ni une Espagnole, ni une duchesse. C'était une modeste institutrice française, née dans une honorable famille de la bourgeoisie

---

(1) Lettre de Madame L***

orléanaise. Elle venait exprimer aux sœurs de charité le vœu de se donner à Jésus dans ses pauvres, dans ses malades.

— Cette jeune fille se nommait Zoé Hubert.

Les filles de saint Vincent reconnurent en elle le cœur d'une sœur. Mais des obstacles s'élevèrent pour l'admission de Mlle Hubert dans leur communauté. Elle était d'une faible santé. Sa mère avait encore besoin de son dévouement. Celui qui devait être le grand évêque d'Orléans et qui était alors l'abbé Dupanloup, avait pris la direction de cette âme et lui avait fait comprendre que pour elle, le premier devoir de charité était de se donner aux siens tant qu'ils auraient besoin d'elle. Les sœurs lui promirent que lorsqu'elle serait libre, leur maison lui serait toujours ouverte. La délicatesse de sa santé ne permit pas que le vœu de Mlle Hubert fût jamais exaucé. La Providence avait décidé que la jeune institutrice resterait dans le monde pour s'y dévouer : mission belle encore, difficile aussi. Comme l'écrivait un jour Monseigneur Dupanloup à une femme qu'il exhortait à la lutte dans son arène la plus périlleuse, le monde : « En vérité, cela peut valoir le couvent, et qui plus est, c'est la vocation universelle, par conséquent la vôtre, mon enfant. »

Sœur de charité dans le monde, telle devait être la destinée de Mlle Zoé Hubert.

**

Notre jeune institutrice continua donc sa mission d'enseignement : c'était encore s'occuper des âmes, et ces âmes d'enfant sont si chères aux femmes qui sont nées filles de saint Vincent !

Après avoir dirigé, pendant trois ou quatre ans, l'éducation d'une jeune fille qui fut l'une des femmes les plus distinguées de notre temps, Mlle Dosne, Mlle Hubert remplit semblable tâche auprès d'une princesse russe. Nommée en 1844 inspectrice des pensionnats de jeunes personnes, dans le département de la Seine, elle put déployer là tout ce que les dons de Dieu et la direction d'un grand éducateur avaient mis de lumière dans son intelligence, de généreuse ardeur dans son âme, de raison pratique dans ses conseils.

Peu de temps après, Mlle Zoé Hubert épousait M. François Barrière, l'éminent publiciste qui, aussi bien dans ses articles des *Débats* que dans sa *Collection des mémoires relatifs à la Révolution française,* témoignait d'un goût si pur, d'une si généreuse élévation de pensée. Il avait vingt-cinq ans de plus que sa femme.

C'était un appui paternel qu'elle avait accepté en lui, appui aimable, souriant, chevaleresque. Les deux époux se donnèrent mutuellement le bonheur. Ils étaient en pleine communauté de cœur — et d'intelligence aussi — car Mme Barrière n'avait pas seulement la bonté de l'âme, elle avait toute la grâce d'un esprit vif et fin, d'un esprit « qui n'était qu'à elle », (1) a-t-on dit. Elle y joignait cette rectitude de jugement qui lui était naturelle, et qu'avaient fortifiée une instruction solide et la lecture assidue de nos classiques du XVIIe siècle. La raison était la note dominante de cette lumineuse intelligence. Mme Barrière réalisait ce type de la femme studieuse que son directeur, Mgr Dupanloup, devait si bien définir en l'opposant au type de la femme savante.

Les illustres écrivains qui honoraient M. Barrière de leur amitié, et particulièrement tous ces éloquents et délicats esprits qui se groupaient autour de lui aux *Débats,* durent applaudir à son choix. Nul doute qu'ils n'aient subi le charme que répandait la causerie de Mme Barrière, ce charme que rendaient plus séduisant encore sa voix mélodieuse et cette diction pure et châtiée qui faisait dire à Mme X*** : « C'est au Théâtre Français qu'elle devrait être. »

J'aurais voulu savoir quelles furent les relations des contemporains et des amis de M. Barrière avec sa spirituelle femme ; mais cette génération a disparu, et, pour celle qui l'a remplacée, un seul souvenir subsiste : celui d'une charité si grande qu'elle a laissé dans l'ombre tout le reste, et c'est le plus touchant éloge que l'on puisse faire de cette femme de bien.

M. Barrière avait tant de confiance dans le goût et le jugement de sa compagne, qu'il n'écrivait rien sans le lui soumettre.

(1) Lettre de Mlle R...

La femme qui avait rêvé à la mission de la sœur de charité dut applaudir à ce généreux appel qu'au mois d'août 1851, son mari publiait dans les *Débats* en faveur des œuvres de sœur Rosalie :

« Connaissez-vous sœur Rosalie ? — Ah ! qui ne la connaît pas ! Pour ignorer son nom, il faudrait n'avoir jamais eu de pleurs à sécher, de dons à répandre, d'infortunes à secourir. Sœur Rosalie est la providence de tout un arrondissement. Oh ! dame ! elle n'habite pas les beaux quartiers : c'est dans le faubourg Saint-Marceau, rue de l'Epée-de-Bois, qu'elle a placé son Louvre et sa Chaussée d'Antin. Les pauvres sont ses amis, les malheureux ses plus proches voisins. Elle a vu se succéder, dans les mêmes lieux, trois ou quatre générations de misère, et ses yeux trouvent toujours des larmes, sa voix des consolations, sa main des libéralités discrètes... Oh ! si nous avions encore cette reine éloignée de la France, elle qui n'éloigna jamais aucune infortune ! Si nous avions encore toutes ces jeunes princesses si vivement sensibles à toutes les douleurs, dans toutes les croyances, nous aurions moins d'appels à faire aux bons cœurs ? »

Ici déjà, on aurait pu dire à M. Barrière ces mots que, longtemps après, un vieil ami lui adressait au sujet d'un autre travail : « Quand vous l'avez écrit, je suis sûr que Mme Barrière était là devant vous, vous regardant et étant regardée. C'est pourquoi, tout en vous en félicitant, je ne vous en donne pas à vous seul tout le mérite » (1).

Parmi les articles dus à M. Barrière, et que sa femme découpait dans les *Débats*, figurait naturellement celui qui était consacré à sœur Rosalie. Comme le noble publiciste eût protesté de nos jours contre la laïcisation de l'humble demeure qu'il saluait dans la rue de l'Epée-de-Bois, et comme sa compagne l'eût encouragé dans cette protestation, bien digne de l'écrivain qui, dans les *Débats* du 8 juin 1846, faisait cette éloquente profession de foi : « Je me réjouis d'être chrétien et catholique ; mais que j'aime l'homme bienfaisant, qu'il soit juif, turc ou protestant ; que j'aime l'iman, le rabbin, le saint pasteur, le bon curé, la sœur de charité

---

(1) Lettre de M. de F..., 29 avril 1864.

ou la pieuse diaconesse, quand chacun d'eux se dit chaque jour, de bouche et de cœur : « Tous ceux qui souffrent sont de ma communion ! »

« J'ai tout juste assez d'esprit pour jouir de celui des autres » disait Mme Barrière. Si une note, trouvée au milieu de ses papiers, et écrite de sa main, exprime bien sa pensée, et n'est pas la copie de quelque passage qui l'aurait frappée dans une lecture — l'active inspectrice aurait regretté de ne pouvoir traduire sa pensée par la parole ou par la plume. Mais c'eût été trop de modestie. Quoi qu'elle en ait pu dire, nous savons déjà, par le témoignage de ses amis, qu'elle n'avait pas à se plaindre de la parole, et, quant à la plume, les pensées manuscrites que nous avons sous les yeux et qu'elle traçait souvent au crayon sur de petits chiffons de papier, Mme Barrière aurait été bien ingrate d'en dire du mal. Elle n'attachait cependant aucune prétention personnelle à ces réflexions si hautes et si fermes que, le tour du langage y aidant, on les croirait plus d'une fois empruntées à quelque moraliste du grand siècle : « Je jette volontiers et au hasard, écrit-elle, les quelques pensées de mon cerveau et de mon cœur et je ne défends à personne de les ramasser, d'en user si elles ont quelque chose de bon. Si elles fructifient, je n'en revendique jamais la propriété ; mais je jouis en silence du peu de bien qu'elles peuvent produire. »

Au sommet comme à la base de tout, Mme Barrière mettait Dieu. Elle ne pouvait comprendre que l'on prétendît faire le bonheur du peuple en lui arrachant les espérances de la foi. « L'homme le moins philanthrope, dit-elle, est celui qui prive le malheureux de ses croyances d'avenir meilleur. » — « Les philanthropes de nos jours sont les plus grands ennemis de l'humanité. Qu'on appelle cette assertion un paradoxe si l'on veut, les preuves sont là. » — « On passe son temps, on s'évertue même à apprendre au peuple à aimer la bonne chère et les beaux habits, les plaisirs et les honneurs. Ce n'est pas parfaitement difficile, et je ne puis trouver qu'il y ait lieu de crier au miracle lorsqu'on y a réussi. Mais est-ce là toute la tâche ! Non assurément. Comment ensuite fournir aux appétits qu'on a fait naître, qu'on a excités outre mesure, les moyens et la possibilité de les satisfaire ? Comment ? Les révolutions sont là pour répondre. Quelques ambitieux parviennent aux honneurs, à la fortune, et le pauvre peuple, lui, n'est pas plus heureux, tant s'en faut ! que lorsqu'il avait moins de besoins et plus de résignation. » — « L'ambition de quelques hommes peut faire la grandeur d'un pays ; mais l'ambition de tous ne peut amener que sa ruine. » — « J'ai l'habitude de donner toujours pour base à mes opinions les faits eux-mêmes. Les théories, pour moi, ne sont que des sons creux, si elles ne s'appuient sur l'expérience. Et quand j'affirme qu'au lieu de préparer le bonheur du peuple en le dégoûtant d'être peuple et en le berçant d'illusions enivrantes, on fait, à n'en pas douter, le malheur de la société entière, j'ai peur d'avoir trop raison. »

Et les ambitions éveillées dussent-elles être assouvies, serait-ce le bonheur ? Que de chagrins cuisants recèlent les lambris dorés !

« Quant à moi qui ai partagé de grandes existences de plus d'un genre, qui en ai connu le bien-être sans avoir à en subir les ennuis, je suis sortie de ces somptueuses et puissantes demeures avec cette devise au cœur : « On est guéri de l'ambition quand on a vécu chez les grands. »

Des déclassés, voilà ce que produisent les théories qui arrachent le laboureur à son champ, l'ouvrier à son atelier, et qui deviennent singulièrement périlleuses quand une instruction donnée sans mesure et sans choix à l'homme du peuple, les fait passer dans le domaine des faits. Combien plus heureux l'homme qui, ignorant des besoins factices, se contente du sort que la Providence lui a assigné : — « Il y a de bienfaisantes ténèbres comme il y a d'homicides lumières » dit ici le spirituel moraliste.

« On met tous nos malheurs sur le compte de l'ignorance, et l'on crie aujourd'hui : de la science, de la science ! comme on criait en 48 : des lampions, des lampions ! Tristes lumières que celles qu'appelle ainsi tout un peuple en délire ! Ne serait-il pas temps enfin de crier : de la raison, de la raison ! »

« Je n'ai d'autre moyen de protester contre les tendances funestes de l'éducation intellectuelle qu'en soutenant de mon mieux, en encourageant l'éducation simple et raisonnable. »

La raison, toujours la raison, mais toujours aussi la raison éclairée par la foi ; c'était pour cette digne fille de Monseigneur Dupanloup ce que devait fortifier l'éducation pour guider l'humanité dans la seule voie qui, disait-elle, pût assurer son bonheur : la pratique du devoir, l'habitude du travail : le travail, cette punition dont la laborieuse femme aurait été bien malheureuse d'être privée, disait-elle. Inspectrice des pensionnats, elle appliqua particulièrement cette doctrine à l'éducation des filles. Jamais elle ne varia dans ses principes. Aux dernières limites de sa vie, elle écrivait encore :

« Cette pauvre raison ! elle n'est pas toujours amusante, nous en convenons, mais elle est toujours utile, et cela vaut mieux ».

« Vous ne trouverez le bonheur que dans l'accomplissement du devoir. Si vous le cherchez ailleurs, vous courrez toujours sans l'atteindre : croyez-en une octogénaire. »

Et ce devoir, ce chemin du bonheur, en quoi consistait-il ? La noble femme le dit à une jeune fille : « Le vrai bonheur consiste dans l'imitation du divin Modèle. Rappelle-toi souvent ces paroles de ta vieille amie. »

Pour la pratique de ce devoir, elle conseillait l'habitude de se maîtriser soi-même. « Il y a toujours, disait-elle gaiement, une autorité qu'on peut exercer : c'est l'empire sur soi-même. Ce despotisme-là n'est jamais interdit, même sous le régime de l'indépendance la plus absolue et de la liberté la plus élastique. »

La simplicité lui semblait avec raison une excellente gardienne des vertus de la jeune fille.

« Si vous voulez faire d'honnêtes femmes, donnez-leur une éducation qui leur crée peu de besoins. La jeune fille ne rougit pas alors du plus humble vêtement, fût-ce celui de la misère. »

« Telle enfant peut être fière de son haillon, et telle autre honteuse de sa riche parure. Tout est dans la cause ou dans la source de cette pauvreté et de cette richesse, et l'on comprend ce vers d'une femme pauvre et fière :

Ma pauvreté, je l'aime, elle est mon humble gloire.

Madame Barrière disait encore : « La plus belle parure pour une femme est celle de la bonté et d'un savoir modeste. Rien n'est plus ridicule chez une femme qu'un savoir pédant et orgueilleux. » — « Qu'importent les beaux habits s'ils recouvrent l'ignorance et la sottise. »

On le voit, si Madame Barrière réprouvait chez les femmes l'abus et la prétention du savoir, elle désirait, comme Fénelon et Monseigneur Dupanloup, que la jeune fille reçût cette solide instruction qui est une force pour le caractère, en même temps qu'une lumière pour la raison et une grâce pour l'esprit. Comme l'Evêque d'Orléans encore, elle voulait que l'éducation tînt compte des facultés propres à chaque jeune fille. Elle jugeait aussi nécessaire que, dès l'enfance, on déposât dans les jeunes intelligences les bases solides de l'enseignement qu'elles devaient recevoir (1).

Mme Barrière avait résumé ses principes d'éducation dans un mémoire qu'elle soumettait, en 1848, à M. Armand Marrast, maire de Paris. Elle exposait dans ce document ce qu'était alors l'éducation des femmes, et quel développement pouvait lui être donné.

Au ton généralement affirmatif, doctrinal même de Mme Barrière, dans ses maximes et ses réflexions, il semblerait qu'elle dût être d'un rigorisme intransigeant. Sans doute, c'était la disposition naturelle de son caractère, mais comme la charité chrétienne la tempérait ! « Oui, je le reconnais : j'ai le tort de vouloir les natures trop élevées, les esprits trop délicats, les cœurs portés à l'abnégation et au dévouement. En un mot, je n'accorde pas assez à l'imperfection humaine. Il faut de l'indulgence, beaucoup d'indulgence pour vivre dans le monde. »

Mme Barrière était donc tolérante, mais toujours avec cette

(1) Lettre de Mme M...

mesure qui la caractérisait en tout. Elle disait : « La tolérance, lorsqu'elle dépasse une certaine limite, est l'indifférence ; et l'indifférence, c'est la destruction insensible et inévitable de tout principe et de toute loi. »

Elle n'apportait d'ailleurs aucun amour-propre personnel dans la défense de ses idées : « Je n'impose jamais mes opinions à personne ; mais, si je les crois bonnes et utiles, je tente de les faire partager, croyant que c'est mon devoir. Dans ce cas, j'essaie d'éclairer, de convaincre. Si j'y réussis, j'en suis satisfaite, naturellement ; si je n'y parviens pas, j'en éprouve quelquefois du regret, dans l'intérêt de la cause que je plaide ; mais jamais personnellement. J'ai fait ce que je croyais bon, je n'ai pas réussi. Est-ce fâcheux ? Ce n'est pas à moi d'en décider. Je reste dans mes convictions, et je laisse les autres dans les leurs... Jamais je ne me passionne pour une idée qui est mienne, à moins que je ne la croie une vraie nécessité, et, si je suis dans le faux, c'est avec une satisfaction sincère que je rencontre des adversaires qui veuillent bien m'éclairer par de bonnes raisons, et m'amènent à leur sentiment. Je l'adopte alors, et le soutiens avec autant d'ardeur et de persévérance que si la paternité m'en revenait. »

En exerçant ses délicates fonctions d'inspectrice, alors même qu'elle eût désiré dans un pensionnat une direction plus conforme à ses vues, elle n'oubliait pas que les établissements libres ne pouvaient être dans la même dépendance que les écoles communales. Elle s'exprimait ainsi, au sujet de l'une de ces maisons : « Tout y est légal et moral. Dans un établissement libre on peut désirer plus, mais on ne saurait exiger davantage sans blesser les droits qu'assure la liberté. »

Nous ne saurions mieux résumer les principes pédagogiques de Mme Barrière, qu'en redisant avec l'une de ses amies : « Ses idées sur l'éducation des filles étaient très libérales et très fermes, laissant à toutes les institutrices une grande latitude. » Loin de vouloir « faire une école », elle aimait à ce que chaque

(1) Lettre de Mme de B...

maîtresse déployât toute sa personnalité dans l'éducation qui lui était confiée. Elle répétait sans cesse : « Elevez les études peu à peu, suivez votre époque, soyez large, mais, dans les questions primordiales, comme la morale et la religion, ne cédez rien (1).

Ici, d'ailleurs, comme principe supérieur, l'amour de ces âmes d'enfants — cet amour inné dans le cœur de la femme et que l'Evêque d'Orléans savait si bien vivifier dans ses filles : « Il faut tout aimer dans les enfants, dit Mme Barrière, même leurs défauts pour les leur pardonner souvent et les en corriger toujours. »

Peut-être préfèrerions-nous ici : « Il faut aimer les enfants même *avec* leurs défauts » mais combien touchante est la première expression chez cette femme austère qui pliait tout à l'inflexible règle du devoir ! Comme au physique, le premier aspect moral était sévère en elle, mais, ici et là, le sourire du cœur rayonnait sur cette gravité et lui donnait une grâce attendrie.

Parmi les institutrices que guidait Mme Barrière, combien lui avaient dû les places qu'elles occupaient ! Elle n'oubliait jamais les jeunes filles qui, après avoir passé leurs examens devant le jury dont elle faisait partie, recouraient à sa protection. Le pavillon qu'elle habitait avec son mari, rue de Grenelle, leur était ouvert. « Dans un cabinet de travail tout orné de bibliothèques, on attendait son tour, dit l'une de ces visiteuses. Elle parlait à part à chacune, écoutant la requête, et ne laissait jamais partir sans un mot d'encouragement ou d'espoir. Que de lettres elle a dû écrire pour les unes et pour les autres, cherchant toujours à caser chacune suivant ses aptitudes ! Non seulement ses protégées, mais les plus grandes familles de France et de l'étranger, n'ont pu oublier l'obligeance de Mme Barrière, à qui elles s'adressaient avec confiance et reconnaissance, sachant que les institutrices qui leur seraient envoyées par ses soins, soit pour des éducations prin-

(1) Lettres de Mme B...

cières, soit pour des éducations modestes, auraient, d'après son choix, les aptitudes désirées. Et jamais, quelque insistance que l'on fît, le moindre cadeau n'était accepté : c'était une règle inflexible » (1).

Comme la sœur de charité, la généreuse femme ne faisait pas seulement le bien, elle avait « l'intelligence du bien », selon l'expression d'une de ses protégées.

Rien de plus touchant que l'accord de toutes ces dignes institutrices pour parler de leur protectrice vénérée, de sa bonté pleine de sollicitude « du grand nombre de jeunes filles qui, sans son appui, dit l'une d'elles, auraient vieilli, usées par le travail, sans arriver à un résultat sérieux.. Je le dis bien haut, je lui dois, à cette noble et sainte femme, de pouvoir, depuis quinze ans, m'occuper des miens, vivre de mes petits revenus, et combien sont dans le même cas ! Aussi son souvenir ne me quittera jamais, et, matin et soir, je pense à elle devant Dieu » (2).

Une autre fille de Mme Barrière, Mlle P..., me raconte, avec une simplicité qui l'honore, ce fait qui la concerne. Née dans une famille des plus distinguées et des plus aisées de la province, elle perd sa fortune. Une amie l'appelle à Paris avec une sœur d'adoption. Déja leurs bagages sont envoyés chez cette personne, mais, sous certaines influences domestiques, la protectrice change d'avis, et ne veut même pas garder chez elle les effets de celles qu'elle a appelées. Mme Barrière l'apprend. Elle connaissait Mlle P... Elle demande à recevoir chez elle les malles des voyageuses, et, lorsque celles-ci, arrivant à Paris, n'ont pu trouver place que dans un hôtel, la douce providence qui s'est informée de leur adresse va les chercher, leur donne deux lits dans sa demeure. Elle les garde ainsi pendant huit mois, et leur assure une position.

Bien d'autres encore reçurent chez Mme Barrière une maternelle hospitalité. Elle avait le projet de fonder une maison qui, moyennant une redevance modique, aurait offert aux institutrices sans place un abri honorable et la facilité de trouver un emploi

(1) Lettre de Mme L...
(2) Lettre de Mlle R...

ou des leçons. Qu'il serait à désirer qu'une telle œuvre fût créée !

Mme Barrière faisait élever à ses frais des jeunes filles pauvres. Elle-même leur donnait des conseils, des leçons. « Avec une patience admirable, suivant l'expression de Mme L..., on la vit presque octogénaire, corriger, chez une jeune Anglaise, une prononciation qui aurait pu être un obstacle pour sa carrière d'institutrice. »

Tous les travailleurs, quelque humbles qu'ils fussent, recevaient de Mme Barrière les marques du plus touchant intérêt. Le frotteur qui, toutes les semaines, venait cirer son appartement, avait une femme malade. Chaque fois Mme Barrière lui remettait pour la pauvre infirme une part du poulet qu'on lui avait servi la veille. Et ce n'était qu'un jour par semaine que ce plat de luxe paraissait sur sa table frugale. Il fut question de changer « le jour du poulet ». Elle se récria : « Et la femme du frotteur ! et sa cuisse de poulet ! »

Mme Barrière aidait les petits commerçants. Elle ne se bornait pas à leur faire une clientèle. Une ouvrière, qu'elle a employée, achète un fonds de mercerie. Les affaires vont mal. Tout va être vendu dans la pauvre boutique. Mme Barrière envoie 500 francs à la mercière, d'autres secours lui parviennent, et le petit commerce est sauvé.

Pour de tels sacrifices, la sainte femme n'avait que de bien modestes ressources et se sacrifiait elle-même. Plus d'une fois elle vendit ses bijoux, elle engagea son argenterie. A de semblables traits, saint Vincent de Paul devait reconnaître l'une de ses filles.

Comme il arrive aux natures généreuses, elle dut avoir des déceptions dans son ardente charité. Elle disait : « Personne n'est plus facile à tromper que moi, tant que ma méfiance dort ; mais, dès qu'elle est éveillée, oh ! alors, elle est constamment sous les armes, et la surprise devient sinon impossible, du moins très difficile.»

Quelles que pussent être ces déceptions, Mme Barrière eut le bonheur d'avoir, le plus souvent, fait tomber ses bienfaits sur un terrain généreux. Le bon grain y a germé en abondance, et a produit cette fleur exquise et rare : la reconnaissance.

Mme Barrière était veuve depuis 1868. Elle avait soigné avec un dévouement qui alla jusqu'à l'héroïsme, son vieux mari frappé de paralysie. Dans une lettre émue, une femme d'un vif et charmant esprit (1), a pu lui rendre ce témoignage : « Ce cher vieillard vous a dû certainement quelques-unes des années qui ont prolongé sa vie. »

Vingt-trois ans après, le 9 octobre 1891, elle le rejoignait dans l'éternité. Elle avait vécu jusqu'à l'âge de 81 ans, chargée de bonnes œuvres aussi bien que de jours, partageant le dernier terme de sa vie entre la pratique de la religion, l'exercice de la charité, la lecture de ses chers classiques du XVII° siècle, au premier rang desquels se trouvaient Bossuet et Pascal — et enfin ces travaux à l'aiguille qui, ainsi qu'on l'a dit de la femme forte, ne laissaient jamais ses mains inactives. Depuis qu'elle ne pouvait plus aller au Dieu de l'Eucharistie, c'est lui qui venait dans sa demeure. Elle achevait ainsi dans le calme, la sérénité d'un beau soir, une vie toujours utile et dévouée. « J'ai fourni ma carrière, et je veux jouir en paix des derniers jours de grâce », disait-elle.

Elle n'avait pas eu d'enfants, et cependant, elle aussi, elle a été, comme la femme de l'Ecriture, glorifiée par une belle lignée : ces nombreuses institutrices qui se nomment *ses filles*, qui avaient été formées par ses conseils, soutenues par son appui et qui, aujourd'hui, non seulement la pleurent comme une mère, mais la vénèrent comme une sainte. L'une d'elles, une femme d'élite, qui lui a dû de faire l'éducation d'une princesse accomplie, Mme L... a souhaité que les préceptes et surtout les exemples de Mme Barrière fussent rappelés aux uns, révélés aux autres, pour être à tous un enseignement. Elle a fait une enquête, à laquelle se sont associées avec élan plusieurs filles de Mme Barrière. Elle a recueilli

---

(1) Mme la vicomtesse de P...

leurs témoignages, et triomphé des scrupules du vénérable frère de la défunte qui, s'inspirant de la grande modestie de sa sœur, eût préféré de ne laisser parler que devant Dieu de telles vertus de tels mérites. Si Mme L... a obtenu de lui les notes manuscrites de cette femme éminente, ce n'est qu'au nom du bien qu'elles pourraient faire. Tous ces documents sont venus se réunir entre mes mains.

C'est ainsi que, sans avoir personnellement connu Mme Barrière, j'ai pu répondre à un vœu qui me touchait profondément, et livrer à la publicité les pensées et les actions de la généreuse chrétienne qui avait soigneusement caché les unes et les autres et qui demeura, jusqu'à la mort, fidèle à sa devise : « Le bien sans bruit et le bonheur dans l'ombre. »

www.ingramcontent.com/pod-product-compliance
Lightning Source LLC
Chambersburg PA
CBHW060551050426
42451CB00011B/1853